Bernhard Prähauser
und seine Schüler

Martin Dickinger
Johannes Domenig
Alfred Haberpointner
Peter Hartl
Wilhelm Scherübl
Johann Schwarz
Ferdinand Wögerbauer

kunstraum **pro arte**

Ausstellungseröffnung 25. Juni 2009,
Martin Dickinger, Alfred Haberpointner,
Wilhelm Scherübl, Bernhard Prähauser,
Peter Hartl, Johann Schwarz und
Johannes Domenig

Bernhard Prähauser mit
Sohn Bernhard und Enkel Felix

Vorwort

Bernhard Prähauser und seine Schüler

Bernhard Prähauser blickt auf ein arbeitsreiches Leben zurück. Hallein ist in seinem Leben immer ein fixer Stern geblieben und nach dem Tod seiner geliebten Nelly kehrte er wieder in die Stadt seiner Kindheit zurück.

Der Tennengauer Kunstkreis und die Galerie Pro Arte waren eine gemeinsame Idee von Bernhard und Josef Zenzmaier. Damals waren Ausstellungsmöglichkeiten für Künstler noch dünn gesät und Aktzeichenkurse auf die Hauptstadt Salzburg beschränkt.

Vieles hat sich in den Jahren verändert. Mittlerweile ist aus der Galerie Pro Arte der kunstraum pro arte geworden und die Ausstellungsfläche hat sich in den Räumlichkeiten am Schöndorferplatz fast verdreifacht. Dies war nur durch die Mithilfe unserer Subventionsgeber, der Stadt Hallein, dem Land Salzburg und dem Bundesministerium für Kunst, möglich.

Bernhards Kunst hat im Laufe seines Lebens oft die Stadt und das Land verlassen und wurde in vielen Museen und Galerien gezeigt. Viele Arbeiten fanden Platz an verschiedensten öffentlichen Stellen und zieren so manches private Heim.

Seine Kunst berührt die Menschen ob ihrer klaren Aussage, Komposition und der handwerklichen Präzision. Seine Formensprache macht seine Arbeiten so unverwechselbar. Sein Werk hat er mit großem Fleiß und Umsicht geschaffen. Umsicht auf die Welt um ihn herum: Kein Weg war ihm zu weit, um eine interessante Ausstellung zu sehen. Aber Bernhard Prähausers Interesse gilt nicht nur der Kunst und Kultur, sondern der Welt und den Menschen an sich. Häufig ließ er seinen Unmut über bestimmte Ereignisse in sein Werk einfließen und hielt so dem Betrachter einen oft sehr unbequemen Spiegel vor.

Mit großem Interesse verfolgt er auch die Entwicklung seiner ehemaligen Schüler. Dies führte 2009 zu der wunderschönen Ausstellung „Bernhard Prähauser und seine Schüler". Die Präsentation von sieben „Ehemaligen" samt Lehrer war äußerst erfolgreich und stieß auf großes Publikumsinteresse. Schon damals spielten wir dem Gedanken, als Erinnerung an diese „Zusammenkunft" einen Katalog zu gestalten.

Manchmal brauchen Projekte eine längere Reifezeit – die ist hiermit vergangen und so soll dieser Katalog nicht nur ein Erinnerungsstück sein, sondern gleichzeitig auch ein Geburtstagsgeschenk an Bernhard!

Martina Berger-Klingler

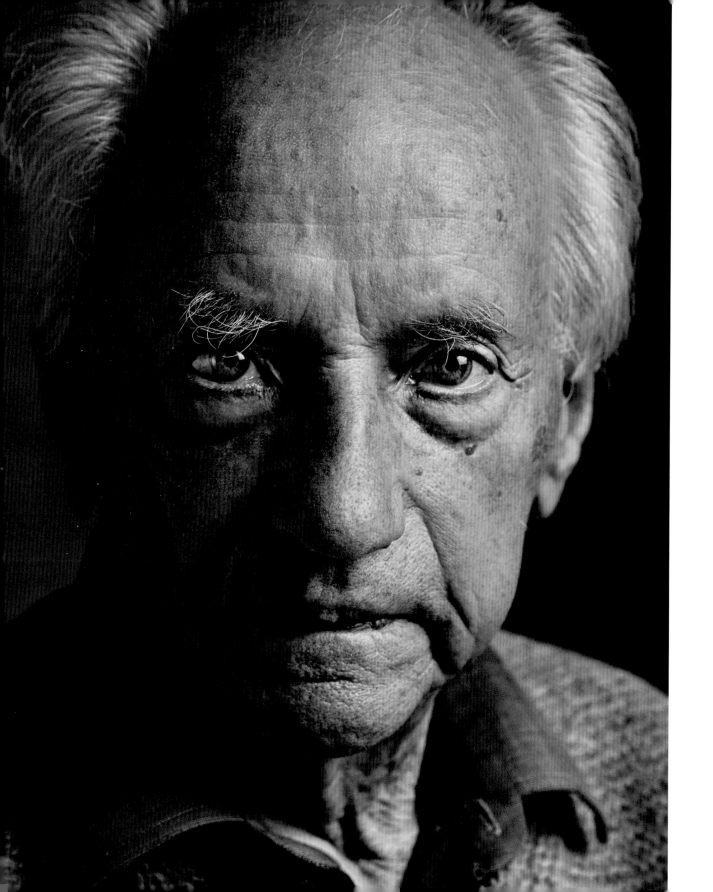

Meisterhaft

Bernhard Prähauser als Lehrling und Lehrer

Susanne Rolinek

Eine „Meisterklasse" nach akademischem Vorbild, die sich von der schulischen Ausbildung in Qualität und Intensität unterschied, führte Bernhard Prähauser als Lehrer und Leiter der Abteilung Bildhauerei an der Höheren Technischen Lehranstalt in Hallein, zudem initiierte er „freies Arbeiten" und „Aktzeichnen". Für die Schüler ein Glücksfall. Für Prähauser ein Höhepunkt seines Lebens.

Prähausers Selbstverständnis und Leidenschaft als Lehrer sowie seine Fertigkeiten als Vermittler wurzelten in seiner Lebensgeschichte und seiner langjährigen, mit unzähligen Schwierigkeiten verbundenen Ausbildung zum Bildhauer. Zu Maria Lichtmeß, am 2. Februar 1921 in Hallein geboren, verlor er schon als zweijähriges Kind die Mutter. Der Vater, von Beruf Zimmermann und als Mitglied der Kommunistischen Partei politisch aktiv, war als Witwer mit der Betreuung der beiden Söhne Bernhard und Josef überfordert. Die beiden Brüder wurden getrennt und wuchsen bei verschiedenen Pflegefamilien auf. Bernhard Prähauser kam zu den ehemaligen Arbeitgebern seiner Mutter, den Wirtsleuten Gertrud und Isidor Mitsche, die ihn mit Wohlwollen und Güte aufgezogen haben. Prähauser blieben seine Kinder- und Jugendjahre in guter Erinnerung: „Hallein war eine Arbeiterstadt und das Gasthaus, wo ich aufgewachsen bin, ein Arbeitergasthaus. Dort hab ich von frühester Kindheit an erlebt, wie arm die Menschen damals waren, arm und arbeitslos. Aber meine Ziehmutter, die dieses Gasthaus in Pacht gehabt hat, war für mich ein Vorbild. Mit ihren einfachen Worten hat sie mir den Weg zur Anständigkeit und zu einem einfachen Glauben gezeigt." [1]

Früh entwickelte er eine rege Fantasiewelt, in die er sich immer wieder zurückzog – er zeichnete und schnitzte schon als Kind. Motive und Anregungen entstammten seiner

[1] Zitiert nach Gertraud Steiner, Bildhauer Bernhard Prähauser, Tamsweg 2007, S. 14 f.

unmittelbaren Umgebung, der Alltag im Wirtshaus und seine Zieheltern, vor allem die Ziehmutter mit ihren gelebten christlichen Werten, prägten Prähauser in diesen Jahren. In die Schule ging er nicht gern, er war auch kein guter Schüler. Doch ein Professor der Höheren Technischen Lehranstalt für Holz- und Steinbearbeitung, die damals schon in Hallein bestand und als „Bildhauerschule" bekannt war, wurde anlässlich seiner mittäglichen Besuche im Wirtshaus auf das zeichnerische Talent Bernhard Prähausers aufmerksam und setzte sich dafür ein, dass der Bub diese Schule besuchen konnte und ihm sogar das Schulgeld erlassen wurde. 1978, viele Jahre später, sollte Prähauser als Lehrer an diese Schule zurückkehren, die Ausbildung der Bildhauerabteilung übernehmen und mit großer Freude sowie neuen und unkonventionellen Methoden bei seinen Schülern sowohl Begeisterung als auch schlummernde Talente wecken. [2]

Zurück zur Ausbildung Bernhard Prähausers. Mit 15 Jahren begann er im Atelier von Vater und Sohn Jakob Adlhart, die als überregional geschätzte Bildhauer ein Atelier in der Schule hatten und zahlreiche Aufträge von kunstinteressierten Bürgern und der Kirche erhielten, zu arbeiten. Die Adlharts entstammten einer jener Südtiroler Familien, die für ihre Holzschnitzkunst und Bildhauerei bekannt waren. „Da sind mir die Augen erst wirklich aufgegangen. In der Schule ist viel Spielerei, aber da war ich plötzlich ernsthaft gefordert und es ging rein um das Künstlerische. Auch wenn ich anfangs nur der Lehrling für alle kleinen Arbeiten war, der Vater Adlhart hat sich schon für mich eingesetzt. (...) So habe ich in der angesehenen Werkstatt Adlhart meine dreijährige Lehrzeit begonnen. Als Handwerk stand die Bildschnitzerei in der Berufsvertretung so ziemlich gleichauf mit den Besenbindern und dementsprechend waren auch das Ansehen und die Bezahlung."[3] Prähauser erinnert sich, wie schwer es zu dieser Zeit war, einen Lehrplatz zu bekommen. Doch die Arbeit im Atelier war hart. Er hatte im Atelier alle Tätigkeiten zu verrichten, war sozusagen „Mädchen für alles" und musste dabei zusehen, wie sich andere künstlerisch betätigen konnten.[4] Das wollte er später bei seinen eigenen Schülern nicht, sie sollten in der „Meisterklasse" so oft und so intensiv als möglich künstlerisch arbeiten. Er förderte seine Schüler in jeder Hinsicht.

[2] Steiner, Bildhauer Bernhard Prähauser, S. 16 f.; Nelly Prähauser, Reinhold Kurz, Bernhard Prähauser – ein erfülltes Leben, in: Bernhard Prähauser, Skulpturen, Ausstellungskatalog zur Sonderausstellung im Salzburger Museum Carolino Augusteum, 28. November 2003 bis 11. Jänner 2004, Salzburg 2003, S. 21-22.

[3] Zitiert nach Steiner, Bildhauer Bernhard Prähauser, S. 17.

[4] Gespräch mit Bernhard Prähauser, 25. November 2010.

9

Als Bernhard Prähauser seine Lehre abschloss, hatten die Nationalsozialisten auch in Österreich die Macht übernommen. Prähauser war kein Befürworter des NS-Regimes und hatte bereits die Zeit des so genannten „Austrofaschismus" in den Jahren zwischen 1933 und 1938 aufmerksam beobachtet, die für ihn nur die Vorbereitung auf die NS-Diktatur war. Obwohl er nichts mit der NS-Ideologie am Hut hatte, meldete er sich in einer gewissen Blauäugigkeit freiwillig zum Heer, um dem Arbeitsdienst zu entgehen und so bald als möglich zu seiner Arbeit als Bildhauer zurückkehren zu können. Er dachte zu diesem Zeitpunkt gar nicht daran, dass das Gegenteil eintreten könnte und er bis 1945 im Kriegsgeschehen statt in der Bildhauerwerkstatt eingesetzt war. Erst Ende 1945 kam Prähauser als Zivilist nach Hallein zurück. Jakob Adlhart nahm ihn als Gesellen auf, doch nun schien Bernahrd Prähauser die Adlhart´sche Atelierwelt zu klein, er wollte der kreativen Enge entfliehen und suchte intensiv nach seinem Weg. Diese Suche nach einem eigenen künstlerischen Stil und einer unverwechselbaren Formensprache förderte der Bildhauer später bei seinen Schülern, er wollte keine „Prähauser-Epigonen".

Bernhard Prähauser schaffte 1947 die Aufnahme in die Meisterklasse von Fritz Wotruba an der Akademie der Bildendene Künste in Wien. Der österreichische Bildhauer Wotruba hatte die Jahre des Nationalsozialismus mit seiner Frau in der Schweiz verbracht und war nach der Befreiung Österreichs nach Wien zurückgekehrt. Seine abstrakten und vom Kubismus inspirierten Arbeiten gelten heute noch als wegweisend für die Nachkriegsgeneration. Wotruba beeinflusste nach seiner Rückkehr nach Wien als Künstler und Lehrer an der Akademie Dutzende Schüler, darunter Alfred Hrdlicka, Josef Pillhofer oder eben auch Bernahrd Prähauser.[5] Prähauser besuchte in dieser Zeit unzählige Museen und Ausstellungen, experimentierte, arbeitete mit unterschiedlichen Materialien und Werkstoffen. Zunächst in seinen Arbeiten sehr der Formensprache Jakob Adlharts verhaftet - Prähausers Stil und seine Werke wurzelten im romanischen, gotischen und volkstümlich barocken Kunstschaffen, verbunden mit einem expressiven Ausdruck - lernte der Halleiner Bildhauer nun bei Wotruba in Wien viel Neues kennen, das ihn beeindruckte und beeinflusste. Wotruba distanzierte sich zwar von Prähausers Stil, ermutigte und förderte aber seinen Studenten. „Von Wotruba, dem großen Zukunftsbildhauer der Nachkriegszeit, sind damals nur zwei neue Studenten aufgenommen worden und einer davon war ich. Seinen Kubismus habe ich nicht für mich übernommen, daher konnte ich auch keiner

5 Otto Breicha, Wotruba und sein Umfeld. Eine Andeutung, in: Wotruba. Schüler. Freunde. Zeitgenossen, Ausstellungskatalog, Ausstellung Innerer Burghof und Galerie Hassfurther, Wien 14.9.-28.11.1995, Wien 1995, unpag.

6 Zitiert nach Steiner, Bildhauer Bernhard Prähauser, S. 23.

von seinen Vorzeigeschülern werden. Ich bin meinen eigenen Weg gegangen, habe aber viel von ihm gelernt.“ [6]

Wotruba zeigte zudem viel Verständnis für die schwierige materielle Situation seiner Studenten. Auch Jakob Adlhart unterstützte weiterhin seinen ehemaligen Lehrling und verschaffte Bernhard Prähauser über seine Kontakte Restaurierungsaufträge in Wien, damit dieser sich sein Studium finanzieren konnte. Es entwickelten sich enge Künstlerfreundschaften, wie mit dem Bildhauer Domenig oder mit Sepper, dem Dombildhauer von St. Stefan. Diese Freundschaften hielten ein Leben lang. [7]

1950 erhielt Bernhard Prähauser das Diplom und kehrte nach Hallein zurück. Da er aus finanziellen Gründen kein eigenes Atelier einrichten konnte, begann er wieder bei den Adlharts zu arbeiten. Doch die sichere berufliche Tätigkeit als Kunsthandwerker befriedigte ihn auf Dauer nicht mehr, ebenso wenig wie seine Rolle als Ehemann und Familienvater. Er führte sowohl einen beruflichen als auch einen privaten Bruch herbei, den er als Befreiung empfand. [8] 1958 gründete Bernhard Prähauser sein eigenes Atelier in Hallein, drei Jahre später eröffnete er in einem Teil der Atelierräume die Galerie „pro arte“. Die enge Freundschaft mit dem Kuchler Bildhauer Josef Zenzmaier, dem Salzburger Maler Josef Schulz, dem Schweizer Künstler Franz Rederer und dem kunstinteressierten Techniker Aloisius Gföllner, der Prähauser immer wieder Aufträge vermittelte, eröffnete ihm neue Welten. In dieser Gesellschaft lernte er auch seine zweite Frau, die Schweizer Sängerin und Verlagsredakteurin Nelly Naef, kennen. Nun beeinflusste auch die Musik sein bildhauerisches Schaffen. Gemeinsam mit seiner Frau führte Bernhard Prähauser die Galerie „pro arte“, die sich zu einem Treffpunkt für junge ebenso wie etablierte Künstler entwickelte. [9] Schon in diesen Jahren förderte er unbekannte junge Künstler und stellte seine Kontakte zur Verfügung. Später, als er an der Höheren Technischen Lehranstalt unterrichtete, ermöglichte er seinen Schülern in der Galerie aus zu stellen.

In den folgenden Jahren nach der Gründung des Ateliers und der Eröffnung der Galerie fand Bernhard Prähauser zu seiner eigenen unverwechselbaren künstlerischen Sprache, die in der ewigen Suche nach Sinn und dem immer wiederkehrenden Auf- bzw. Umbruch

[7] Gespräch mit Bernhard Prähauser, 25. November 2010.

[8] Steiner, Bildhauer Bernhard Prähauser, S. 22 ff.

[9] Steiner, Bildhauer Bernhard Prähauser, S. 27 ff; Nelly Prähauser, Reinhold Kurz, S. 21-22.; vgl. auch die Publikation von Horst und Margret Wanetschek, Klaus Halmberger (Hg.), Werkstattbuch Bernhard Prähauser. Mit einem Beitrag von Karl Heinz Ritschel, Murnau 1990.

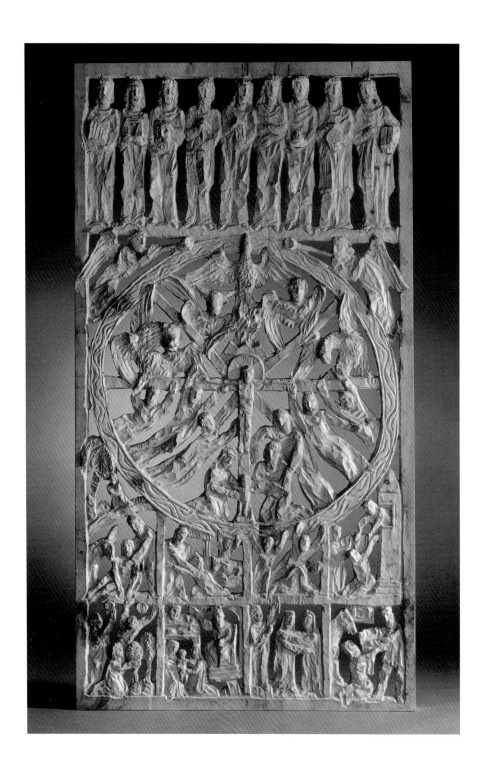

14

wurzelte, wenn er auch mit Form und Material experimentierte. Er konzentrierte sich auf die Reliefschnitzerei und veredelte das Durchbruchsrelief als Medium, um Geschichten zu erzählen und Gleichungen darzustellen. Es folgte eine Zeit intensiven Schaffens. Er etablierte sich als Bildhauer und erhielt zahlreiche öffentliche Aufträge. [10] Es erschien nur logisch, dass er 1978 den Auftrag als Lehrer an der Höheren Technischen Lehranstalt in Hallein erhielt und die Leitung der Bildhauerabteilung übernahm. Nun konnte er sein Wissen, seine Erfahrungen, seine Methoden und Techniken an die Schüler weitergeben, wiewohl er jedem von ihnen genug Freiheiten und Raum zur Entfaltung gab. Bernhard Prähauser versuchte, seinen Schülern die Welt der Kunst zu erschließen. Es war keine Schulklasse, in der Prähauser unterrichtete, vielmehr etablierte er eine „Meisterklasse" nach akademischem Vorbild. Er forderte Selbständigkeit, verzichtete auf Bürokratie und strenge Führung, was für manche seiner Schüler zunächst ungewohnt war. Er besuchte mit seinen Schülern unzählige Ausstellungen, sakrale und profane Gebäude, machte sie auf Details und Gesamtkunstwerke aufmerksam. Die fünf Jahre des Unterrichtens blieben als besonders lebendige und intensive Zeit im Gedächtnis haften. Prähauser erinnerte sich: „Ich weiß, was das heißt, jungen Menschen den Weg zu eröffnen, dass sie in ihren Fähigkeiten auch akzeptiert und anerkannt werden. Als mich die Landesschulbehörde gebeten hat zu unterrichten, habe ich gerne angenommen und zu meinen Schülern auch immer guten Kontakt gehabt. Ich habe mich auch für sie eingesetzt, ihnen Mut gemacht und den Rücken gestärkt. (...) Also, ich hab gern unterrichtet und ich glaub, da ist auch vieles an Verständnis und Sympathie zurückgekommen."[11] Prähauser ermutigte seine Schüler, einen akademischen Weg einzuschlagen. Es ist wohl kein Zufall, dass Martin Dickinger, Johannes Domenig, Alfred Haberpointner, Peter Hartl, Wilhelm Scherübl, Johannes Schwarz und Ferdinand Wögerbauer heute bekannte Bildhauer mit einem unverwechselbaren Stil sind.

1983, nach seiner Pensionierung, übersiedelte Bernhard Prähauser mit seiner Frau nach Göriach im Lungau, doch auch hier entwickelte sich ähnlich wie in Hallein der Wohn- und Arbeitssitz zur geselligen Stätte der Begegnung. Seine ehemaligen Schüler besuchten ihn hier und halfen bei der Renovierung des Gebäudes mit. Sie kehrten immer wieder zu ihm zurück, um den Austausch mit ihrem ehemaligen Lehrer und Förderer zu suchen.

[10] Peter Husty, Vom Holz verführt – vom Schnitzeisen besessen, in: Bernhard Prähauser, Skulpturen, Ausstellungskatalog zur Sonderausstellung im Salzburger Museum Carolino Augusteum, 28. November 2003 bis 11. Jänner 2004, Salzburg 2003, S. 15-19.

[11] Steiner, Bildhauer Bernhard Prähauser, S. 44 f.

Martin Dickinger

Der in Vorchdorf lebende Künstler Martin Dickinger hat sich dem Material Papier verschrieben - eigentlich dem Papiermaché. Er ist ein Duplizierer, einer, der Gesehenes, Vorgefundenes, Imaginiertes in einer unglaublichen Menge von Hand herstellt und dann „auf Halde" legt. Die Anhäufung verschiedenster Konsumgüter wie Teddybär, Abwurfstangen, Flaschen, Messer, verschiede Werkzeugteile und andere Dinge haben aber ihre ursprüngliche Farbe verloren und fristen nun in verschiedenen Grautönen ihr Dasein. Die Masse verliert sich in der Masse.

Die Bezeichnung „Halde" verwendet Dickinger für seine raumbezogenen Installationen erstmals 1992 und mittlerweile ist er bei Halde 40 angekommen. „Auf Halde produzieren" kann sich kaum mehr eine Firma leisten und so mancher Künstler ist mit einem ähnlichen Problem konfrontiert, wenn die Produktion den Raum sprengt und mehr im Atelier bleibt als verkauft wird. Ein Schuss Selbstironie ist vom Künstler beabsichtigt, der jedes Ding mit einer ganz dünnen Schicht Papiermaché von Hand abformt, zerschneidet und danach wieder zusammensetzt. Die dünne Schicht ermöglicht dem Betrachter erst die genaue Erkennung der gewünschten Form. Mit Gussformen würde sich durch die Schrumpfung des Materials auch jede Form verlieren.

Kritik am Konsumdenken liegt im fern, der Betrachter ist aber frei in seinen Assoziationen. Die Halden liegen keinem vorgefertigten Konzept zu Grunde. Sie sind gewachsen und Dickinger bringt immer wieder neue Formen ein. Begann er mit einfachen Formen, wagt er sich nun an immer kompliziertere Formen wie Geweihe. Papiermaché bittet viele Gestaltungsmöglichkeiten, einzig die Verwendung im Außenraum ist wegen der Wetterunbeständigkeit des Materials nicht möglich.

Wenn ein Ding den Platz auf der Halde des Künstlers gefunden hat, kann es sich ausruhen. Hier ist es seiner Funktion enthoben und dient einzig dazu, Teil eines größeren Gebildes zu sein. In gewisser Weise ist Dickinger „seinen" Dingen verfallen, konsequent verfolgt er seinen Weg und befüllt immer größere Räume, indem er immer mehr produziert. Noch ist er kein Opfer seiner eigenen Welt geworden. Dies soll auch so bleiben!

Johannes Domenig

Suchen, Sammeln und Ordnen sind sehr wichtige Tätigkeiten im Leben von Johannes Domenig. Diese Handlungen bestimmen aber nicht nur seinen Tagesablauf, sie sind auch bestimmende Prinzipien seiner künstlerischen Arbeit. Er sucht und findet sein Material in der näheren Umgebung seines alten Bauernhofes im Mostviertel oder in Bachbetten. Neben Naturmaterialien kümmert er sich um den Müll unserer Wohlstandsgesellschaft. Dinge, die ihre Funktion verloren haben, weil sie kaputt oder aus der Mode gekommen sind, verwendet er für Installationen. Dieser Transfer ins sinnlich Bildhafte rückt den „Müll" in ein neues Zentrum. Dem Betrachter fällt es schwer, sich der Präsenz der Dinge zu entziehen und er muss so einen Blick in den oft unbequemen Spiegel werfen. Hinter der vergangenen Ästhetik der Gegenstände liegt die menschliche Existenz in voller Bandbreite.

In seinen Installationen nimmt er oft konkreten Bezug auf die Ausstellungsräume. Daneben arbeitet er kontinuierlich an Bildobjekten, die vorwiegend aus Naturmaterialien wie Baumrinde, Asche, Steine, Kohle, Dornen, Käfer, Fell, Pflanzensamen oder Tierhaut bestehen. Mit Gold, Silber und Blei betont er die die Bedeutsamkeit des verwendeten Materials. Die Herstellung ist meist aufwändig und benötigt viele Arbeitsschritte. Damit hinterfragt der Künstler auch immer wieder sich selbst und seine eigenen, von ihm selbst aufgestellten Ordnungsprinzipien.

Sein Vierkanthof ist nicht nur Zuhause, Atelier, Ausstellungsraum und Vorratskammer für Ideen und Dinge, es dient ihm auch als Schutz vor „zuviel Außenwelt". Die Konzentration geht nie verloren und kreist doch immer um dasselbe Thema - die Spuren menschlicher Existenz sichtbar werden zu lassen, ohne konkret den Menschen zu zeigen.

Die Kunsthistorikerin Ulrike Guggenberger bezeichnet die Installationen Domenigs als zeitgenössische Wunderkammern und vergleicht den Künstler mit dem Kinderbuchhelden Frederic. Beide sammeln für Notzeiten, sei es im Falle der Maus der kalte Winter oder bei Domenig geistige Leere in einer überfüllten Welt.

Alfred Haberpointner

Kegel, Kugel, Zylinder, Oval und Würfel - Diese Formen könnte man im Kopf haben, wenn man die Arbeiten von Alfred Haberpointer betrachtet. Diese mathematisch strengen Formen dienen aber nur als Ausgangspunkt für die meist abstrakten Arbeiten des Künstlers. Ein Thema, das ihn seit längerem beschäftigt, ist der menschliche Kopf. Diese Werkserie arbeitet er hauptsächlich in Holz: dabei wird das Thema immer wieder variiert. Die Köpfe werden unterschiedlich bemalt, beschnitten, behauen, geschlagen, gehackt, gebrannt oder mit Reißnägeln übersät. Die Form geht dabei nie verloren. Es scheint, als würde er ein Spiel spielen - Umrisse lösen oder verfestigen sich. Die Spuren der Bearbeitung machen sichtbar, mit wie viel oder mit wie wenig Kraft er die Köpfe bearbeitet hat. Manchmal unterscheiden sie sich in der Größe, die extra dazu gefertigten und genormten Sockel ermöglichen ein geschlossenes Erscheinungsbild.

Auf seinen Arbeiten in Metall - massiv oder in Form von dünnem Blech - hinterlässt Haberpointer ebenfalls Spuren. Die Textur der Skulpturen hat im Werk eine zentrale Bedeutung. Die oft amorphen Formen sind umgeben von einer besonderen Aura. Sie zeugen von der tiefen Ernsthaftigkeit, mit der der Künstler die Form aus dem Material hervorholt und bearbeitet. Diese Tatsache wird durch den Werktitel noch verstärkt.

Ähnlich verfährt er auch auf seinen Arbeiten auf Papier. Auch dort hinterlässt er Spuren seiner „Werkzeuge". Haberpointner scheint auf einer unermüdlichen Suche nach Strukturen zu sein und hinterlässt dem Betrachter klare Formen mit verschiedenen Bedeutungsebenen.

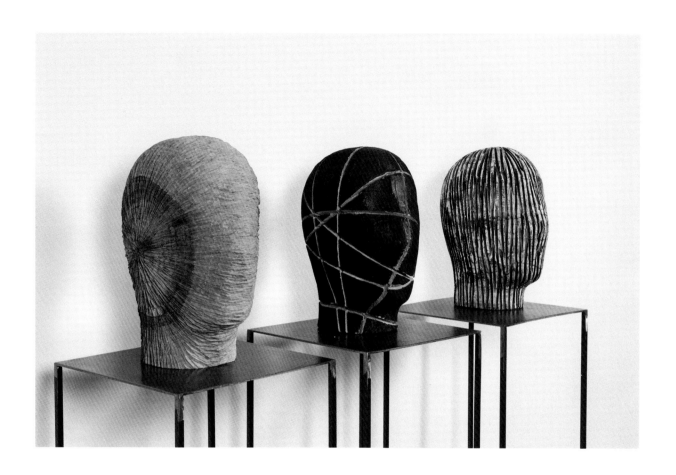

33

Peter Hartl

Peter Hartl kehrt nach dem Studium in München wieder nach Hallein zurück und betreibt heute ein Atelier in Kuchl.

Seine Motive findet er in der Natur. Sie dienen ihm einerseits als naturalistisches Vorbild oder als thematische Grundlage für weiterführende Arbeiten. Daneben ist das Menschenbild und seine Veränderung ein zentraler Themenschwerpunkt. Sein bevorzugtes Material ist das Holz und somit steht er in der Halleiner Tradition der Holzbildhauerei, die mit Max Domenig und Jakob Adlhart begann und von Bernhard Prähauser fortgeführt wurde.

Daneben arbeitet er aber auch in Stein und Gummi bzw. mit Wachs und Styropor.

Er verwendet auch industriellen Abfall aus Holz, den er weiter verarbeitet und in eine neue Bedeutungsebene legt. Immer mehr löst er sich vom Naturalismus hin zu einer abstrakte Form, die der Betrachter erst entschlüsseln muss.

Die besondere Verwendung des Materials und der wohlüberlegte Umgang damit machen die Arbeiten von Peter Hartl so besonders. Der Einsatz von Farben ist manchmal massiv in Form von eingefärbtem Wachs auf Holz bzw. zart, wenn er mit Buntstiften auf Holz „malt".

Er bedient sich auch der allgemein gültigen Sprache der Symbole wie zum Beispiel dem Ring beziehungsweise Kreis. Für eine Arbeit für das Stiegenhaus im Halleiner Krankenhaus symbolisieren Holzringe in unterschiedlichen Breiten das Wachsen und Vergehen des Menschen. Am Beginn oder am Ende hängt ein kleiner Findling wohl aus dem Bachbett der Taugl. Dieses Kunstwerk im öffentlichen Raum will den Besucher nicht provozieren, sondern nimmt Rücksicht auf den sensiblen Ort.

Wilhelm Scherübl

Nach vielen Jahren in Wien arbeitet Wilhelm Scherübl nun hauptsächlich in Radstadt. Licht und Wachstum sind wohl die zwei markantesten Elemente im Werke des Künstlers. Eines ist ohne das andere nicht möglich und würde ein Leben auf der Erde beziehungsweise die Erde selbst unmöglich werden lassen.

Immer wieder verwendet er industriell gefertigte Neonröhren und setzt sie zu Wörtern zusammen, oder er baut damit kleine Behausungen, ohne Wände für mit Samen gefüllte Töpfe. Diese Samen, oft sind es Sonnenblumen in hunderten von Töpfen, überlässt er sich selbst und dem Wetter – das Wachsen und Vergehen als Metapher für die Zeit. Er nimmt sich als Künstler zurück und überlässt der Natur die Transformation seiner Installation.

Blumen verwendet er aber nicht nur in Form von Samenkörnern, sondern auch als getrocknete Struktur, wie zum Beispiel die Mariendistel. Auch er schöpft aus einem Fundus der sich laufend verändert bzw. vergrößert, dessen Grundmaterialien sich aber nur leicht verändern.

Meist fertigt er seine Installationen speziell für den Ausstellungsraum an. Dabei spielt aber auch der Ort eine maßgebliche Rolle.

Daneben entsteht im Laufe der Zeit auch eine stattliche Anzahl an Arbeiten auf Papier (auch Druckgraphik) und Leinwand. Neben den Arbeiten, in denen er der Natur die Struktur vorgibt, entstehen aber auch viele Werke mit von ihm definierten Strukturen. Der handgezeichnete Kreis auf Glas oder Papier in unzähligen Wiederholungen sprengt die Grenzen zwischen Chaos und Ordnung. Hier kann der Betrachter nur schätzen, wie viel Zeit diese Arbeiten gebraucht haben. Die immerwährende Wiederholung löst den Kreis aus seiner ursprünglichen Einzelstruktur und die Fläche wird zu einer großen Masse.

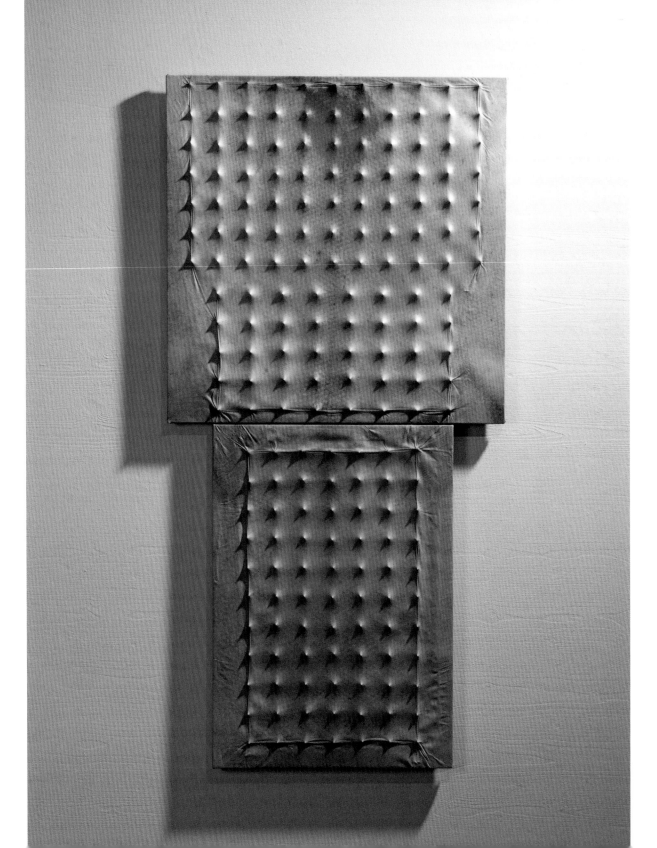

Johann Schwarz

Johann Schwarz ist in Hallein geblieben und hat hier über die Jahre eine ganz eigene Bildsprache und künstlerische Technik entwickelt. Den Weg der klassischen Bildhauerei hat er schon lange verlassen, sein bevorzugtes Material ist Leder – biologisch gefärbtes Schweineleder. Anfänglich hat er damit noch Objekte in Form von menschlichen Schädeln genäht. Später ging er dazu über, nach fotografischen Vorlagen zu arbeiten. Die grob gerasterten Fotos werden mit Hilfe von Eisenpulver durch Oxidation am Leder angebracht, gleichermaßen eintätowiert. Die auf Keilrahmen aufgezogenen Tierhäute sind aber keine bloßen Abbilder der Dargestellten. Die scheinbare „bildhafte" Auflösung des menschlichen Antlitz lässt den Betrachter tiefer blicken. Scheinbar öffnet sich hier ein Blick auf die Seele, oder atheistisch gesprochen auf den menschlichen Zellkern. Die grobe Rasterung der Bilder erfordert vom Betrachter einiges an Bewegung, da sich die Bilder erst aus einer gewissen Distanz erschließen.

Schwarz bearbeitet das Material Leder aber nicht nur mit Farbe, sondern auch mit Nägeln oder Schlageisen. An diesem Punkt kehrt er wieder zur Bildhauerei zurück, wenn auch auf eine ungewöhnliche Art und Weise.

Die Auswahl seiner Motive bei den Menschenköpfen ist nicht wahllos – immer sind es „Prominente". Historische Persönlichkeiten wie Jesus, Rasputin oder der Erfinder der Atombombe werden in kleine runde Scheiben aufgelöst. Dazwischen finden sich aber moderne Ikonen wie Hansi Hinterseer oder Heino. Schwarz zeigt mit seiner Auswahl wohl die gesamte Bandbreite an Widersprüchlichkeiten des menschlichen Daseins. Der reale Betrachter ist der Bezugspunkt, der die meist als „ohne Titel" bezeichneten Bildobjekte dechiffrieren kann, wenn er will aber nicht muss.

Der Perfektion der Rasterung steht die gegerbte Tierhaut gegenüber, die in ihrer Natürlichkeit Unebenheiten, Risse, Löcher oder sonstige Makel freilegt. Das perfekte Bild wird so in Frage gestellt und bekommt doch durch das besondere Material eine bestimmte Weichheit, die mit Papier oder Leinwand niemals möglich wäre. Tierische Haut als Trägermaterial für menschliche Gesichter eröffnet dem Betrachter natürlich ein weites Feld an Interpretationsmöglichkeiten.

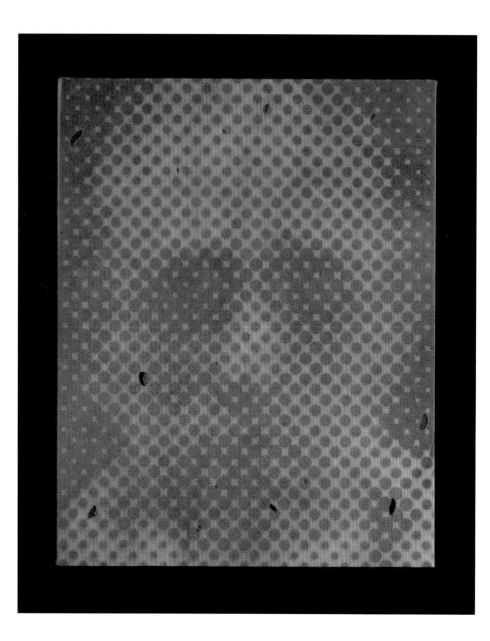

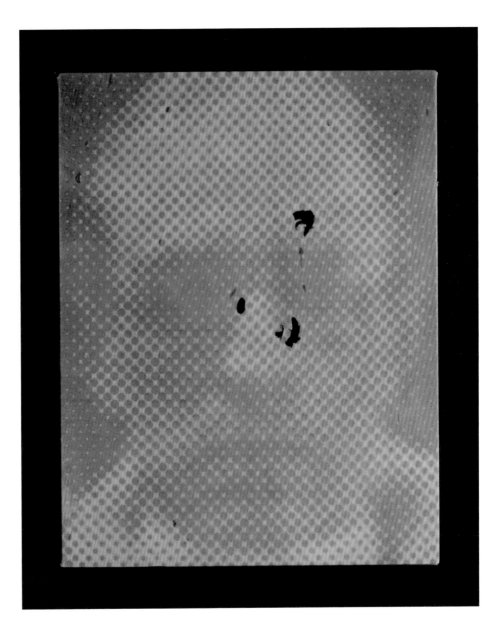

Ferdinand Wögerbauer

In dieser Auswahl an Prähauser Schülern bist du der einzige, der einen anderen künstlerischen Weg bestreitet. Woher kommt dein Interesse am Bühnenbild?

Ich wollte nach der Fachschule noch weiter lernen - als ich das Studium Bühnenbild entdeckte, war ich und bin noch immer fasziniert von der Vielfalt. Das Zusammenspiel von diversen Künsten (Musik, Literatur, Architektur, Malerei, Technik) ist mir immer ein endloses Meer an Entdeckungen.

Welchen Stellenwert hat man als Bühnenbildner innerhalb einer Produktion?

Er gehört zu den drei bis vier Personen, die eine Produktion entwickeln und ihr die Form geben, bevor die Proben beginnen (Regie, Bühnenbild, Kostüm, Licht).

Wie schnell werden Bühnenideen vom Regisseur verworfen und wie viel künstlerische Freiheit bleibt da noch?

Das kann man so nicht beantworten - ein Stück beginnt mit dem Dialog im Team über das Stück - Primär- und Sekundärmaterial gelesen. Daraus schält sich der Weg, wie man ein Stück erzählen möchte und in Folge die Entwurfsarbeit, die verglichen, hinterfragt und weiter entwickelt wird. Dabei ist jedes Stück anders - wobei das Team auch bei jedem Stück andere Stärken und Schwächen hat - Visionen, die weiter oder auch nicht weiter führen- das ist eine gegenseitige Stimulans.

Seit einigen Jahren bist du zumindest im Sommer nach Salzburg zurückgekehrt. Mit „Ödipus" hast du dich 2010 in deiner ehemaligen Heimat Hallein präsentiert. Was war das für ein Gefühl? Oder spielen Orte keine Rolle und nur die Bühnenhäuser?

In gewisser Weise ist zurück zu kehren schön - aber mit der Zeit ist der Ort der Arbeit - die Bühne - wichtiger als der Ort an dem sie steht.

Die Salzburger Festspiele laden immer wieder auch bildende Künstler ein, Bühnen zu entwerfen. Siehst du da viele Unterschiede?

Der Versuch - nicht nur in Salzburg und nicht nur jetzt, sondern auch schon vor mehr als hundert Jahren lieferten Künstler wie Pablo Picasso Bühnenentwürfe - bildende Künstler einzuladen, ist mit dem Wunsche verbunden, neue künstlerische Ansätze zu finden.

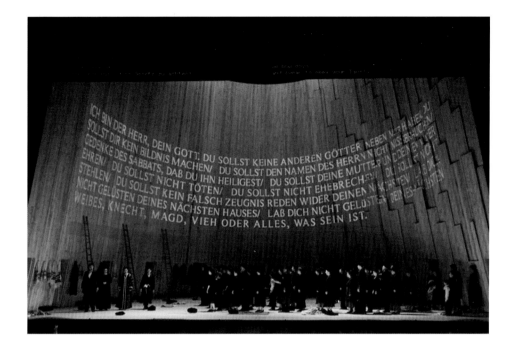

Manchmal macht man es aber auch einfach nur aus Marketing. Vieles ist spannend - aber manches geht einfach auch daneben - wenn die Bühne nur als Ausstellungsplattform genützt wird. Wenn der Entwurf sich nicht mit der Dramaturgie des Stückes verknüpft, wird man den theatralischen Gesetzen nicht gerecht. Die komplexe Arbeit des Bühnenbildes wird manchmal unterschätzt. Trotzdem haben sich in den letzten 100 Jahren durch das Zusammenwirken daraus viele neue theatralische Formen entwickelt in der Darstellung als auch in der Betrachtungsweise.

Die kleine Auswahl an Bühnenentwürfen, die ich von dir kenne, erscheinen mir alle sehr markant insofern, als es ein bestimmendes Raumteil gibt – ähnlich einer Skulptur. Liege ich da ganz falsch?

Jedes Stück sollte seinen Kern haben, denn daraus lassen sich die Ketten mit den diversen Stückfäden besser knüpfen.

Biografien

Bernhard Prähauser

1921	am 2. Februar zu Maria Lichtmess geboren
1923	Tod der Mutter; Bernhard kommt als Pflegekind zur Familie Meichle, Pächter des Gasthauses Zur goldenen Kugel in Hallein
1928 - 1936	Grund- und Hauptschule
1936	6 Monate Schüler an der Höh. Tech. Lehranstalt für Holz- und Steinbearbeitung in Hallein
1937	Bildhauerlehre in der Werkstatt von Jakob Adlhart d J.
1939	Gesellenprüfung als Bildhauer, Vergolder und Restaurator Danach Einberufung zum Kriegsdienst, Verletzung, Kriegsgefangenschaft und 1945 Entlassung
1946	Wiedereintritt in die Werkstatt Adlhart
1947 - 1950	Studium in der Meisterklasse von Fritz Wotruba an der Akademie der Bild. Künste in Wien Danach nochmalige Rückkehr in die Werkstatt Adlhart
1958	Eröffnung einer eigenen Werkstatt am Molnarplatz 3
1961	Gründung der „Galerie Pro Arte" in seinen Arbeitsräumen
1976	Verleihung des Titels Professor h.c.
1978 - 1983	Lehrer bzw. Leiter der Abteilung der Bildhauerklasse an der Höhere Technische Lehranstalt in Hallein
1979	Gemeinsam mit dem Gollinger Bildhauer Josef Zenzmaier Gründung des Tennengauer Kunstkreises als eine Vereinigung bildender Künstler im Tennengau
1983	Wohnsitzverlegung an den Piendlhof in Hintergöriach, Lungau
1992	Monumentales Durchbruchrelief „Göriacher Bibel" entsteht
2006	Sein Lebensmensch Nelly Prähauser stirbt im 90. Lebensjahr
	Rückkehr nach Hallein; Wiederinbetriebnahme seines Ateliers am Molnarplatz 3, Ausstellungen in Salzburg (Salzburg Museum), Zürich, Bern, Hallein (Keltenmuseum und Galerie Pro Arte), Mariapfarr

Würdigungen, Auszeichnungen und Preise

1960	Kunstförderungspreis der Landesregierung Salzburg
1968	Förderungsprämie für Kunst vom Unterrichtsministerium und der Landesregierung Salzburg
1972	Auszeichnung der Stadt Bern für ein Grabmal auf dem Schlosshalden- Friedhof
1973	Ehrenpreis des Kunstvereins Salzburg
1976	Verleihung des Professorentitels durch das Bundesministerium für Unterricht und Kunst

Einzel und Gruppenausstellungen

1962	Salzburg
1969	Zürich
1970	Aranno bei Lugano, CH
1970	Rapperswill, CH
1971	Bern
1971	Salzburg
1978	Unterägeri, CH
1979	Boswil, CH
1980	Rorbas, CH
1990	Salzburg
1999	Hallein
2003/04	Museum Carolino Augusteum (Jetzt Salzburg Museum)
2004	Mariapfarr
2006	Hallein, Keltenmuseum

Gruppenausstellungen in Hallein, Salzburg, Wien, Düsseldorf, Stockholm

Martin Dickinger

1959	geboren, lebt und arbeitet in Vorchdorf
1977	Fachschule für Holz- und Steinbildhauerei Hallein
1985 - 1993	Hochschule für Gestaltung Linz
1993	Talentförderungsprämie des Landes Oberösterreich
1999	Staatsstipendium für Bildende Kunst

Ausstellungen (Auswahl)

2000	Galerie „Europäisches Haus", Pilsen (CZ)
	JUNGE KUNST 2000, St. Anna Kapelle Passau (D)
2001	Kulturzentrum Ignis Köln (D)
	Center for contemporary Art, Milwaukee (USA)
2002	Galerie pro arte, Hallein
	SIGMA, Galerie o`artoteca, Mailand (I)
2003	SURROUND, Künstlerhaus, Klagenfurt
2004	hot cakes gallery, Milwaukee
	TROUBLED TIMES, Civico museo di guerra per la pace, Triest (I)
	MINO PAPER ART VILLAGE PROJECT, Mino city, Japan
2005	laboratorio dell imperfetto, Gambettola/Cesena (I)
2006	Galerie ardizon, Bregenz
	RESET>>>FORWARD, Galerie o`artoteca, Mailand (I)
2007	Beteiligung Schaurausch, Linz 09
	Galerie mel-contemporary, Wien
	Papiermachermuseum Steyrermühl
	Galerie Maerz, Linz
2009	Medienkulturhaus Wels im Rahmen von Linz 09
	Burgkloster Lübeck (D)
	Stadtgalerie Brunsbüttel (D)
2010	Forum Stadtpark, Graz
	Archäologisches Museum Varna, Bulgarien (BG)
2011	PRODUKTION, Ulrike Johannsen & Martin Dickinger, Oö. Kunstverein, Linz

Johannes Domenig

1963	geboren in Villach, lebt und arbeitet in Wolfsbach/Niederösterreich
1977	Fachschule für Holz- und Steinbildhauerei, Hallein
1981	Internationale Sommerakademie, Salzburg
1983 - 1988	Studium der Bildhauerei an der Akademie der Bildenden Künste, München
1992	Förderungspreis für Bildende Kunst des Landes Oberösterreich
1993	Förderungspreis für bildende Kunst des Landes Kärnten

Ausstellungen (Auswahl)

2000	ARCHÄOLOGIE AUS DEM JETZT, Künstlerhaus Klagenfurt
	MOMENTO MORI, Galerie der Stadt Villach
2003	SAC DE PLASTIQUE, Galerie IG Bildende Kunst, Wien
2004	Chocolate Dream, Galerie Oberösterreichischer Kunstverein, Linz
	SEITENWECHSEL, Galerie Kunstverein Passau (D)
2005	POSITIONEN, Dokumentationszentrum für Bildenden Kunst, St. Pölten
2007	ASPEKTE ZEITGENÖSSISCHER SKULPTUR, Landesmuseum Niederösterreich, St. Pölten
2008	K08 EMANZIPATION - KONFRONTATION, THE LAST SUPPORT, Burgkapelle Museum Moderner Kunst Kärnten, Klagenfurt
	KUNST IM SPIEL / FOOTSPIRIT, Künstlerhaus und Museum Moderner Kunst Kärnten, Klagenfurt
	LÄRMSCHUTZ, Galerie 3, Klagenfurt
2010	BEDWHISPER, kunstraum pro arte, Hallein
	DENKEN AN ..., Galerie 3, Klagenfurt
	TRENNUNGEN, Universitätszentrum Klagenfurt
	TOPSELLER, Oö Kunstverein, Linz
2011	NATUREMANIA, Galerie Frey, Wien

Alfred Haberpointner

1966	in Salzburg geboren
1980 - 1984	Fachschule für Bildhauerei
	Förderungspreis der Hochschule für Gestaltung, Linz
1991	Studienabschluss an der Hochschule für Gestaltung, Linz
1995	Arbeitsstipendium in Paris, Land Salzburg
1997	Theodor-Körner-Preis
1998	Arbeitsstipendium New York, Bundesministerium Österreich
2000	Arbeitsstipendium New York, Land Salzburg
2001	Förderungspreis, Land Oberösterreich

Einzelausstellungen

2000	Oskar Kokoschka Galerie, Prag (CZ)
	Galerie Chobot, Wien
2002	Galerie Reckermann, Köln (D)
	Kunstraum Fuhrwerkswaage, Köln (D)
	Galerie Chobot, Wien
2004	Museum Würth, Schwäbisch Hall (D)
	Mario Mauroner Contemporary Art, Salzburg
	Galerie Chobot, Wien
2005	Galerie Eugen Lendl, Graz
2006	Würth Art Room, Böheimkirchen
	Mario Mauroner Contemporary Art, Wien (mit Jaume Plensa)
	Galerie Renate Bender, München
2007	HERKULES FRIEND'S, Kollegienkirche, Salzburg
	Kunstraum St. Virgil, Salzburg
2008	Würth Kulturforum, Kolding (DK)
	Galerie Schmidt, Tirol
	Gallerie Gölles, Steiermark
2010	Mario Mauroner contemporary art, Salzburg
	Galerie Chobot, Wien
	Schloß Wihering, Linz
	Galerie Thiele, Linz

Peter Hartl

1961	in Saalfelden geboren, lebt und arbeitet in Hallein
1976 - 1981	Fachschule für Holz- und Steinbildhauerei, Hallein
1982 - 1988	Studium an der Akademie der Bildenden Künste, München bei Hans Ladner

Ausstellungen bzw. Beteiligungen

2000	Galerie Wallmann, Mauterndorf
2009	LOCAL HEROES, kunstraum pro arte, Hallein
2007	Galerie Vicone, Bad Vigaun
2003	Schloss Kammer, Maishofen

Wilhelm Scherübl

1961	geboren in Radstadt
1977	Fachschule für Holz- und Steinbildhauerei, Hallein
1985 – 1990	Akademie der bildenden Künste Wien bei Bruno Gironcoli

Einzelausstellungen (Auswahl)

2000	Duff House, Banff, Schottland (GB)
2001	Kunstverein Rosenheim, Rosenheim (D)
	Rupertinum Salzburg, Salzburg
2004	Oberösterreichische Landesgalerie, Linz
	Galerie im Traklhaus, Salzburg
2005	Lenbachhaus Museumsplatz, München (D)
	Knoll Galerie, Wien
2006	Knoll Galerie, Budapest (H)
	Haus der Herren zu Kunstat, Brünn (H)
2007	Kulturzentrum bei den Minoriten, Graz
2008	Im Pavillon, Wels
	Galerie Eugen Lendl, Graz
	Museum Waidhofen
	Knoll Galerie, Wien
	Städtische Galerie, Rosenheim (D)
2009	allerart, Bludenz
	Museum Stift Admont, Admont

Ausstellungsbeteiligungen (Auswahl)

2000	Land Art usw., Kunstraum Innsbruck, Innsbruck
2002	MAKING NATURE, Haus am Waldsee, Berlin (D)
	MAKING NATURE, Nikolaj Contemporary Art Center, Stockholm (S)
	MAKING NATURE, Atelier im Augarten, Wien
	MO(U)NUMENTAL, Ferdinandeum Innsbruck
2003	SUPERPOSITION LICHT+, Künstlerhaus Klagenfurt, Klagenfurt
2004	IM RHYTHMUS DER FLIEGE, Haus der Kunst Brünn, Brünn (H)
	IM RHYTHMUS DER FLIEGE, Galerie Z, Bratislava (H)
	IM RHYTHMUS DER FLIEGE, Tschechisches Zentrum Wien
	artists in residence, Glenfiddich Gallery, Dufftown (GB)
2005	GROSSER SALZBURGER KUNSTPREIS, Galerie im Traklhaus, Salzburg
	ORDNUNG DER NATUR, Museum moderner Kunst, Passau (D)
2006	RUNDUMSCHLAG, Galerie Ruzicska, Salzburg
2007	MORGEN, Ausstellungshalle Hahngase 1090, Wien
	ZEICHNUNG, Galerie 422, Gmunden
	INTERVENTIONEN, Gartenschau, Vöcklabruck
	20 JAHRE AKADEMIE GRAZ, Minoritenkultur Graz
2008	MYOSOTS DISCOLOR, Knoll galerie, Wien
	Kunstverein Rosenheim, Rosenheim (D)
	SCHNEE, Museum Kitzbühel
2009	LICHTMESZ, Minoritenkultur Graz
	NATUR - DIE SCHÖPFUNG IST NICHT VOLLENDET, Museum Stift Admont
	DAS LANDSCHAFTS APRIORI, Galerie Cora Hölzl, Düsseldorf (D)
	31. ÖSTERREICHISCHER GRAPHIKWETTBEWERB, Galerie in Taxispalais, Innsbruck, Bozen, Klagenfurt
	FLORAFIKTIONEN, QuadrART, Dornbirn
2010	FLORAFIKTIONEN, Galerie Erhard Witzel, Wiesbaden (D)
	HOTELPUPIK-LIEBLINGSPOSITIONEN, Forum Stadtpark, Graz
	RELIQTE, Kulturzentrum bei den Minoriten, Graz
	VOGLIO LA NEVE IN AGOSTO, Lab 610 XL, Sovramonte-Servo (I)
	4TH INTERNATIONAL EXPERIMENTAL ENGRAVING BIENNIAL, Bukarest (BG)

Johann Schwarz

1963   in Hallein geboren, lebt und arbeitet in Hallein und Salzburg
1977 - 1981   Fachschule für Bildhauerei (Hallein)

Ausstellungen bzw. Beteiligungen

2007   GELD, GOLD, Galerie Einblick, Hallein
                   10 JAHRE GALERIE WALLMANN, Mauterndorf
2008   ABBILDER AUF GEGERBTER HAUT, Kuenburggewölbe, Werfen
                   LOCAL HEROES, kunstraum pro arte, Hallein
2009   BERNHARD PRÄHAUSER UND SEINE SCHÜLER, kunstraum pro arte, Hallein
2011   HAUTBILDER, Textilgalerie, Sammlung Eichhorn, Salzburg

Ferdinand Wögerbauer

Geboren in Adnet, lebt und arbeitet in Cupello, Italien
Fachschule für Bildhauerei in Hallein
Studium am Mozarteum Salzburg, Abteilung Bühnen- und Kostümbild
1992 - 2003 Ausstattungsassistent der Produktionsleitung bzw. Ausstattungsleiter
Stellvertreter bzw. Ausstatungsleiter bei den Salzburger Festspielen

Bühnenbilder für folgende Stücke (Auswahl)

1999/2000   FAUST 1, J.W. Goethe, Faustensemble Hannover, Berlin, Wien
2000   TATJANA, A. Chekov, Teatro alla Scala, Milano (I)
2001   PANCOMEDIA, B. Strauss, Faustensemble, Venedig (I)
2003   DIE MÖWE, A. Chekov, Edinburgh International Festival (GB)
2004/2005   MEDEA, Euripides, Siracusa und Epidaures (I)
2004   DON GIOVANNI, L. Da Ponte, W.A.Mozart, Lyric Opera Chicago (USA)
2005   BLACKBIRD, D. Harrower, Edinburgh International Festival (GB)
2006/2010   MAZEPPA, P. Tchaikovsky, Lyon (F), Edinburgh (GB)
2006   TROILUS UND CRESSIDA, W. Shakespeare, Stratford (GB)
2006   MANFRED Op.115, R. Schumann, Philharmonie Berlin (D)
2007   EUGENE ONEGIN, P. Tchaikovsky, Lyon 2007 (F)
2007   WALLENSTEIN, F. Schiller, Berlin (D)
2008   PIQUE DAME, P. Tchaikovsky, Lyon (F)
2008   DER ZERBROCHENE KRUG, H. von Kleist, Berliner Ensemble,
                   Wiener Festwocher, Züricher Festspiele (CH)
2009   LULU, A. Berg, Lyon (F)
2009   BÖSE GEISTER, F. Dostojewskij, Teatro Stabile Torino (I)
2009   SAMSON ET DALILA, Saint Saens, St. Gallen (CH)
2009   MOISE ET PHARAO, G. Rossini, Salzburger Festspiele
2010   ÖDIPUS AUF KOLONOS, Sophokles, Salzburger Festspiele
2010   BORIS GODUNOV, M. Mussorgsky, Metropolitan Opera New York (USA)
2011   MACBETH, G. Verdi, Salzburger Festspiele

Bildnachweis

Dank

Ich danke allen Künstlern für die unkomplizierte
Zusammenarbeit und das Bereitstellen aller
Bilddaten. Letztendlich hatte Hans Schwarz die
Idee für dieses Geburtstagsgeschenk. Meiner
Kollegin im Museum der Moderne, Susanne
Rolinek, danke ich für ihr stetes Interesse an
meinen „Halleiner Projekten" und für ihre spon-
tane Zusage, einen Artikel über Bernhard zu
verfassen.
Helga Besl, meiner lieben Obfrau und guten
Freundin, danke ich für ihren unermüdlichen
Einsatz und ihr unglaubliches Engagement für
die Künstler und den Verein.
Unserem „Haus- und Hoffotografen" Stefan
Zenzmaier sei gedankt für die professionelle
Bilddokumentation aller Ausstellungen.
Dennis de Kort hatte die schwierige Aufgabe,
alle Texte und Fotos in die richtige Reihen-
folge zu bringen. In den geschickten Händen
von Heiner Gann, Druckerei Aumayer, lag der
Katalogdruck.
Ich danke aber auch allen Besuchern und
Freunden des kunstraum pro arte für ihr stetes
Interesse an zeitgenössischer Kunst und ihre
Neugier, sich immer wieder neu von uns verfüh-
ren zu lassen!

Martina Berger-Klingler

Impressum

kunstraum pro arte
Schöndorferplatz 5
5400 Hallein
0043 (0)6245 87443

www.kunstraumproarte.com

Dieser Katalog erscheint zum 90. Geburtstag von
Bernhard Prähauser als Dokumentation der Ausstellung
„Bernhard Prähauser und seine Schüler" im Juni 2009.
Herausgeber: Tennengauer Kunstkreis,
Helga Besl, Martina Berger-Klingler

Künstlertexte und Katalogredaktion:
Martina Berger-Klingler
Lektorat:
Helga Besl, Susanne Rolinek
Gestaltung:
Dennis de Kort
Druck:
Aumayer Druck und Verlag, Mattighofen
Copyright:
Rechte der Texte bei den Autoren
Rechte der Fotos bei den Fotografen

Hallein 2011

Artbook

ISBN 978-3-9502944-4-6

www.artbook.at

Der kunstraum pro arte wird unterstützt von: